Aufgeraucht.

Wie du Herr über deine Gewohnheiten wirst, und nachhaltig änderst

Manuel Löbbert

Vorwort

Falls du auf der Suche nach einer Pille oder einem Zauberwort bist, was dich von heut auf morgen rauchfrei macht, dann muss ich dich leider enttäuschen. Ein Buch, wie dieses, zu kaufen ist ein guter Anfang, aber noch lange keine Veränderung. Erst wenn du den ersten Schritt machst, wirst du deinem neuen Ich (dem rauchfreiem Ich) näherkommen. Es ist ein langer und harter Weg, auf dem es aber viel zu gewinnen gibt. Hiermit möchte ich dir meinen Weg, den ich gegangen bin, aufzeigen, und die Risiken und Probleme nennen, mit denen man tagtäglich konfrontiert wird. Mein Buch wird dich mit wichtigen Informationen und Tipps auf deinem Weg in ein rauchfreies Leben begleiten. Es richtet sich an alle Menschen, die nach einer Variante suchen, mit dem Rauchen aufzuhören und gleichzeitig den Nebenwirkungen entgehen möchten. Ich verzichte bewusst auf Lückenfüller und unnötig viele Wörter, denn ich habe die Erfahrung gemacht, das kurze, klare Sätze viel einprägsamer und leichter in den Alltag zu übernehmen sind.

Das hier ist ein kurzer und knapper Ratgeber für alle die Ihr Leben und Ihre Gewohnheiten endlich in den Griff bekommen möchten, und nicht von ihnen beherrscht werden wollen. Mit diesem Buch hältst du dein eigenes goldenes Ticket in der Hand, um endlich auszusteigen. Es basiert auf meinen eigenen Erfahrungen und Erkenntnissen. Ich habe genau wie du, auch mal eine nach der anderen Zigarette geraucht und war völlig ratlos bei dem Versuch endlich aufzuhören. Deswegen soll mein Buch dich auf deinem Weg begleiten. Es ist, wie folgt, strukturiert: Zuerst möchte ich dir ein paar Grundlagen geben und was du alles zum Rauchen wissen solltest. Dann werden wir uns die Einstellung anschauen, die du brauchst, um langfristig erfolgreich zu sein. Danach werde ich dir wichtige Tipps und Tricks zur Hand geben, die dir helfen können, in schwachen Momenten durchzuhalten. Und zu guter Letzt, möchte ich dir zeigen, wie du das Rauchen aufgeben kannst ganz OHNE zuzunehmen.

Deal? Dann Los! ☐

Kapitel 1

Die Voraussetzungen für eine Rauchfreie Zukunft. Rauchen ist eine Sucht, dass muss ich dir mit Sicherheit nicht erzählen. Du rauchst jetzt mit Sicherheit schon eine längere Zeit. Eine Belohnungszigarette nach, oder nach dem Essen, gehört zu deinen momentanen Gewohnheiten. Du verbindest Zigaretten mit positiven Momenten und Phrasen, wie „tut das jetzt gut" oder „jetzt hab ich mir aber eine Zigarette verdient". Es ist nicht einfach nein zu sagen, wenn man jahrelang mehrmals täglich „JA" zur Zigarette sagte. Du musst hierfür deine komplette Einstellung zum Rauchen ändern. Aber deswegen nicht den Kopf hängen lassen, denn es ist nicht unmöglich. Ganz im Gegenteil, es macht dich unfassbar stark, wenn du es schaffst über deine Gewohnheiten zu bestimmen. Wie fantastisch wäre es denn, wenn du nicht nur das Rauchen aufgeben, sondern stattdessen noch eine gute Gewohnheit nebenbei aufbauen könntest? Das Rauchen aufzugeben ist eine bewusste Entscheidung. Du musst dich ganz klar positionieren. Ein "ich bin Partyraucher" oder ein "ich rauche ja nur nach dem Essen" sind Schlupflöcher, die du gerne deinem inneren Schweinehund fütterst, um nichts verändern zu müssen. Zuerst musst du dir Bewusst machen, dass du ab Tag X Nichtraucher bist! Das ist sehr wichtig für dich und deine Einstellung, denn du solltest dich ganz klar auf der Nichtraucherseite positionieren. Ja, du hast mal geraucht, aber ab jetzt bist du Nichtraucher! Tag X wird viele Veränderungen hervorrufen, ob gesundheitlich oder finanziell, aber dazu später mehr. Um den Schritt in ein Rauchfreies Leben zu gehen, solltest du dir keinen Stichtag in einem Monat oder in ein paar Monaten setzen. Mach dir den Stichtag in absehbarer Zeit, eine Woche z.B. Auch solltest du dir keine Geheimvorräte für eventuelle Rückfälle zurechtlegen. Denn vergiss nicht – du bist jetzt Nichtraucher! ; und wenn du wirklich überzeugt bist, dann schaffst du das auch von heute auf morgen, und ohne Rückfall. Falls du jedoch mal rückfällig werden solltest, ist das auch nicht tragisch. Rede dir auf keinen Fall ein, dass du es nicht schaffen wirst! Denn mit jedem missglücktem Versuch, lernst du eine neue Strategie deines Unterbewusstseins kennen und lernen sie zu umgehen, um bessere Gewohnheiten aufzubauen. Notier dir doch einfach wann und wieso du wieder angefangen hast. Es dauert im Durchschnitt 60 Tage bis wir eine neue Gewohnheit annehmen, und diese in unseren Alltag integrieren, also wenn du die ersten 60 Tage geschafft hast, wird es einfacher! Um eine Gewohnheit zu ändern, müssen wir aber erstmal definieren, was eine Gewohnheit überhaupt ist:

Eine Gewohnheit ist das, was man immer wieder tut, sodass es schon selbstverständlich und zu einer Eigenschaft gewordenen Handlungsweise geworden ist!

Wow, das ist ein wirklich hartes Brett! Jetzt wissen wir zwar, was eine Gewohnheit ist, aber wie ändern wir eine Gewohnheit? Studien haben belegt, dass es rund 60 Tage braucht eine Gewohnheit komplett abzulegen. Eine Gewohnheit ist wie ein Autopilot für unseren Verstand, der Abläufe und Handlungen im Unterbewusstsein laufen lässt. Somit machen wir manche Sachen schlichtweg, ohne drüber nachzudenken. Diese bestimmen dann über unseren Alltag und unser tägliches Handeln, und können positiv sowie auch negativ sein.

Eine Gewohnheit ablegen

Das war die nächste Nuss, die es für mich zu knacken galt. Zunächst sollten wir klären, was genau eine Gewohnheit ist. Eine Gewohnheit ist wie ein Energiesparmodus für den Körper. Das sind Routinen, die der Körper sich aneignet und ohne drüber nachzudenken ausführt. Wie verändere ich denn nun eine für mich so etablierte Gewohnheit? Die Antwort sollte ich bei meinem ersten Entwöhnungsversuch erhalten: Ich merkte immer wieder wie mich nach kurzer Zeit der Abstinenz in meine alten Muster verfiel und nach einem missglückten Versuch immer wieder in das alte Raster rutschte. Danach ist man immer sehr gefrustet und hat das Gefühl nichts erreicht zu haben. Wenn man aber genau hinsieht, hat man ja einen Ganz wichtigen Schritt ja bereits getan, und zwar den ersten! Schreib dir auf woran du gescheitert bist. Schreib dir die Ausrede ein, die du dir einfallen lassen, hast um dich im Nachgang einmal zu Fragen, war es das Wert, mich dafür dem Verlangen hinzugeben?

Nein- Natürlich nicht, aber hier gilt es die Ruhe zu bewahren und sich ganz genau Die Tricks, die sich dein Unterbewusstsein einfallen lässt zu Notieren. Bei Manchen ist es der Stressige Tag bei anderen die Geselligkeit im Biergarten. Es gibt viele Ausreden sein Vorhaben zu unterbrechen.

Wie lege ich denn nun eine Gewohnheit ab, die Frage brennt dir sicher auf der Seele. Gewohnheiten ändern sich täglich und passen sich deinem Alltag an. Aber wie kannst du dir das zu Nutze machen, und wie kannst du die erste Zeit gut überstehen? Auch hier bedarf es einer guten Vorbereitung.

1. Du solltest dein Ziel klar definiert haben.

2. Du solltest alles was dich daran erinnert oder damit zu tun hat entsorgen, oder aber aus deinem Umfeld entfernen.

3. Führ ein Tagebuch, in denen du deine Erfahrungen niederschreibst.

4. Mach eine Liste an Dingen die dich an der Gewohnheit stören, und immer wenn du nicht anders kannst, und kurz davor bist zu resignieren, schau dir die Liste an, denn wenn du dein WARUM gefunden hast, fällt es dir immer leichter Das Verlangen die Gewohnheit auszuleben zu unterdrücken.

Jetzt wo du eine gute Vorbereitung hast, geht es ans Eingemachte. Bei Gewohnheiten gilt wie bei allen Dingen die Zeit brauchen: Steter Tropfen höhlt den Stein! Beginne Schritt für Schritt und taste dich heran. Die ersten paar Tage werden die schwierigsten werden. Du wirst viel Gegenwind erfahren und solltest hier standhaft bleiben. Es braucht im Schnitt 60 Tage eine Gewohnheit zu ändern.

Kapitel 2

Wie wirkt sich die Zigarette auf meine Gesundheit aus? Bist du wirklich gesund? Merkst du, dass du rauchst? Für mich, einem sportlichen Menschen, war der Gesundheitsaspekt nie wirklich greifbar. Ich wusste zwar, dass das Rauchen ungesund ist, aber da ich in meinem Alltag durch das Rauchen keine Einschränkungen gemerkt habe, war das Argument Gesundheit für mich schlichtweg uninteressant. Das einzige, woran ich es merken konnte, war anhand meiner Ausdauer, aber das war kein Grund für mich mit dem Rauchen aufzuhören. Jedoch schädigt das ständige Rauchen viel mehr als wir das zunächst glauben. Aber fangen wir mal ganz am Anfang der Zigarette an. Über das Einatmen des Rauchs nehmen wir einige Stoffe zu uns, unter anderem Nikotin. Nikotin ist ein Nervengift, welches im hohen Maße zur Abhängigkeit von Zigaretten beiträgt. Bedeutet das, dass wir uns mit jeder Zigarette vergiften? JA! Man kann es sogar nach dem Zug spüren, wie es durch den ganzen Körper wandert, in Form von einem leichten Kribbeln. Aber das ist bei weitem nicht alles, Rauchen schädigt noch viel mehr in unserem Körper. Durch das Nikotin wird dem Körper Calcium entzogen, welches für den Knochenaufbau wichtig ist, was zur Folge hat, dass die Knochen schneller brechen. Darüber hinaus, wenn man sich die Haut eines Rauchers anschaut und mit der eines Nichtrauchers vergleicht, dann stellt man fest, dass die des Rauches gräulich schimmert und schneller faltig wird. Außerdem wird das Zahnfleisch angegriffen und die Zähne verfärben sich gelb. Rauchen führt unteranderem auch zu Durchblutungsstörungen, und kann zu Herz- Kreislauferkrankungen führen, und zu Erektionsstörungen bei Männern. Das Rauchen hat auch Einfluss auf unseren Geruchssinn. Das sind sicher alles Fakten, die du schon gehört hast, und die Informationen sind weltweit auf allen Suchmaschinen leicht zu finden, aber trotzdem möchte ich dir gebündelt in einem Absatz einmal aufzeigen warum es sich vom gesundheitlichen Aspekt lohnt aufzuhören.

Merkst du, dass du rauchst?□

Kapitel 3

Jetzt gehts ans Eingemachte! Ich höre auf! Sobald du den Entschluss gefasst hast, und das musst du für dich entscheiden, geht es los. Plane deinen Absprung. Setz dir einen Tag X in der nächsten Zeit. Bei mir war es der nächste Tag. Ich bin einer der typischen „an Silvester höre ich auf zu Rauchen" Aufhörer. Wenn du deinen persönlichen Stichtag gefunden hast, schau dir an, was in den nächsten 60 Tagen ansteht. Bist du arbeiten? Steht ein Familienfest an? Ist eine Party mit Freunden geplant? Auf der Arbeit unter Kollegen neigt man leicht zum Rückfall. Auf Partys in Verbindung mit Alkohol ist die Hemmschwelle wieder anzufangen viel geringer, zumal unter Alkoholeinfluss die meisten (eher unguten) Ideen super erscheinen. Das heißt aber nicht, dass du jetzt auf alles verzichten musst, ganz im Gegenteil. Gehe bewusst raus, und stelle dich zu Rauchern. Wenn dir jemand eine Zigarette anbietet, sag einfach „Nein" oder probiere mal ein stolzes „Ich bin Nichtraucher" und schaue dir die Reaktionen an. Du wirst sehen, wie befreiend es sich anfühlt die Worte laut auszusprechen und es wird bestimmt ein „Oh toll!" oder „Ich würde auch so gerne damit aufhören" zurückkommen. Verzichte auf keinen Fall auf den morgendlichen Kaffee, aber lass die Zigarette dabei weg.

Sollte dein Partner rauchen, stell dich ruhig dazu und identifiziere dich mit deinem Nichtraucher Dasein. Denn ab dem Moment wo du nein sagst, ohne groß darüber nachzudenken, bist du auf einem guten Weg. Bringe dich so oft es nur geht in die Situation „nein" sagen zu müssen. Jedes Mal stärkt es nicht nur dein Selbstbewusstsein, sondern auch den Entschluss rauchfrei zu bleiben. An meinem ersten rauchfreien Tag habe ich mir unbewusst ein psychologisches Phänomen zu Nutze gemacht. Als ich am Morgen des 01.01.2016 die Lust auf eine Zigarette verspürte, zog ich mir meine Sportsachen an und lief los. Da man direkt nach dem Sport nicht mehr das Verlangen nach einer Zigarette verspürt, habe ich dem entgegengewirkt. Als das Verlangen dann ein paar Stunden später wieder kam, zog ich mir ein weiteres Mal meine Sportklamotten an und lief wieder. Nun verband ich die Lust auf eine Zigarette mit Anstrengung und Sport. Das wiederholte ich 2 ganze Tage, und am 3. Tag war das Verlangen nach einer Zigarette, welches ein Powerworkout mit sich zog, gen 0. Das ist eine Art wie man sich das Verlangen abtrainieren kann, indem man das Gefühl des Verlangens mit etwas Anstrengendem, wie Sport oder einem langen Spaziergang verbindet. Das war eine der größten

Stützen für mich, bei meinem Versuch das Rauchen aufzugeben. Der nette Nebeneffekt – man nimmt nicht zu.

Aber zurück zur Einstellung. Was muss ich als Nichtraucher für eine Einstellung mitbringen?

1.	Ich sollte mich ganz klar als Nichtraucher bekennen.
2.	Ich sollte mich gezielt in Situationen bringen, wo mir das NEIN abverlangt wird, denn jedes Nein macht mich stärker!
3.	Ich sollte in den Momenten des Verlangens einen Ausweichplan parat haben. Bei mir war es der Sport, was ist es bei dir? Was machst du, um nicht schon wieder deinem Verlangen zum Opfer zu fallen?
4.	Kleiner Extratipp: Wenn du wieder mal eine Rauchen möchtest, hilft ein Glas Wasser trinken. Wenn dir das nicht reicht, nimm dir ein Pfefferminzblatt und atme ganz tief ein, das ähnelt einem Zug an einer Zigarette, und kann das Verlangen Befriedigen.

5.   Wenn man allen mitteilt, dass man aufhört zu rauchen, kann man sich seinen Stolz zu Nutze machen. Es gibt Leute, wie mich, die jedem mitteilen, dass sie aufhören zu rauchen, und ziehen das dann durch (überwiegend, weil sie Angst haben von ihrer Niederlage zu berichten). Welcher Typ bist du?

6.   Einen Eisernen willen! Das ist der Schlüssel. Warum mache ich das? Weil ich es will!□

Kapitel 4
Meine Rauchergeschichte

Ich fing als Jugendlicher an zu rauchen. Zuerst war es wie bei vielen, nur die gemeinsame Zigarette in einer Runde. Doch schnell wurden die 1-2 Zigaretten pro Tag zu 10-15 Zigaretten. Dann kam ich in die Ausbildung, als Installateur, wo fast jeder meiner Gesellen rauchte. Mein Altgeselle rauchte zum Beispiel grundsätzlich sobald wir auf der Baustelle ankamen erstmal eine Zigarette. Dann eine nachdem das Werkzeug ausgepackt war, und dann immer so weiter im 30 Minuten Takt. Da ich zu der Zeit, mangels an Geld meine Zigaretten selber drehte, wurde mir die wirkliche Anzahl erst einmal bewusst, als ich in die Schachtel meines Gesellen schaute, die gegen Mittag schon zu dreiviertel leer war. Ich rauchte während der Arbeit sehr viel, da ich in diesen zusätzlich entstandenen Pausen nicht arbeiten musste - ich Fuchs! Dass ich das aber auf Kosten meiner Gesundheit machte, war mir so gar nicht bewusst.

Immer wenn ich mich mit meinem Chef unterhielt, der von einem auf den anderen Tag mit dem Rauchen aufgehört hatte, wunderte es mich, wenn er davon sprach, dass er nach dem Rauchen an Gewicht zugenommen hatte. Also fing ich an, mir das Ganze einmal genauer anzusehen. Einige Ex-raucher erzählten mir von demselben Problem. Ich verstand den Zusammenhang zunächst nicht, bis ich es dann tagtäglich bei jemandem beobachten konnte. Ein Freund hörte gesundheitsbedingt mit dem Rauchen auf, und jedes Mal, wenn er eigentlich zur Zigarette greifen wollte, griff er stattdessen in eine Tüte Gummibärchen. Als ich ihn darauf ansprach, sagte er, dass er eine „Ausweichdroge" brauche, etwas dass ihn daran hindere wieder rückfällig zu werden. Das machte mich stutzig, denn nach nicht nur 2 Monaten war er nicht nur wieder Raucher, sondern hatte auch einige Pfunde zugelegt. Ich dachte darüber nach und fragte mich, ob das vielleicht körperlich bedingt sei, oder ob es vielleicht die Möglichkeit gäbe, dieses Phänomen der „Ausweichdroge" in eine neue Richtung zu leiten und stattdessen für mich zu Nutzen (anstatt gegen mich).

Während meiner Lehrzeit, bis Sommer 2012, rauchte ich als sei ich besessen. Ich schien einfach nicht ohne Zigaretten zu funktionieren. Eine Schachtel am Tag war Normalität, was meiner Gesundheit leider überhaupt nicht guttat. Um das ein bisschen mehr zu veranschaulichen, hier eine kleine Anekdote aus meinem damaligem Raucherleben: Ein Bekannter von mir, hatte ein Haus geerbt, in dessen Keller sich ein Schwimmbad befand. Dieses wollte er gerne in einen Wohnraum umbauen. Er bat mich um Hilfe, alle Fliesen von den Wänden zu schlagen, und die Wohnung zu entkernen. Also nahm ich mir den großen Stemmhammer in die Hand und fing an. Da ich damals so gerne rauchte, schnitt ich meine Staubmaske mit einem kleinen X ein, wodurch meine Zigarette ideal passte. Ich arbeitete auf dieser Baustelle ziemlich genau drei Tage, denn am dritten Tag meldete sich mein Körper. Ich hatte einen trockenen andauernden Husten. Anfangs dachte ich, dass ich diesen Husten nur wegen der staubigen Arbeit hatte, aber ein Arztbesuch sollte mir da Klarheit schaffen. Der Arzt hörte mich ab, und stellte fest, dass ich eine Lungenentzündung vom Anfang des Jahres verschleppt hatte. Mein Arzt riet mir auch, dass ich die Raucherei vielleicht etwas einschränken solle, wenn ich doch schon mit Staub und Dreck zu tun hab. Auch riet er mir zu einer Rauchentwöhnung. Das war das erste Mal, dass ich direkt mit dem Thema Rauchentwöhnung zu tun hatte. Ich lies mir das ganze durch den Kopf gehen. Die Entwöhnung sollte 50€ kosten, aber ich war nicht sicher, ob es funktionieren würde. Also lies ich davon ab und fragte ihn nach Rat. Ich suchte nach einigen Tipps im Internet und Informierte mich bei Freunden und Bekannten, die eine Vergangenheit als Raucher hatten. Doch all die Tipps vom Arzt und von den Freunden zeigten keine Wirkung, und brachten mich meinem Ziel zum Nichtraucherleben keinen Schritt näher. Da all meine Freunde, Arbeitskollegen und weiteren Bekannte rauchten, dachte ich auch erstmal nicht mehr darüber nach aufzuhören. Ich rauchte morgens nach dem Aufstehen meine erste Zigarette mit einem schwarzen Kaffee in der Hand. Das tagtägliche Ritual mit dem entspannenden Kaffegeruch in der Nase und Nikotin in meiner Lunge, schien wie ein Muss zu sein. Bevor ich dieses Ritual nicht abgeschlossen hatte, durfte mich niemand Ansprechen, der nicht Gefahr laufen wollte, eine oftmals schlechtgelaunte bis beleidigende Antwort zu erhalten. Aber auch hier meldete sich mein Körper nach relativ kurzer Zeit. Da ich nun knapp 3 Jahre auf jeden Morgen auf nüchternen Magen rauchte, fing mein Magen an sich zu melden. Zuerst waren es nur leichte Krämpfe, die nur während des Rauchens anhielten. Als mich aber nach dem Rauchen auch noch Übelkeit und andauernde Magenkrämpfe begleiteten, wurde mir langsam klar, dass ich was ändern musste. Ich versuchte viele verschiedene Methoden: Von morgens etwas Frühstücken, ein großes Glas Wasser vor dem Rauchen, Milch im Kaffee, bis hin zu einer halben Zigarette, statt die ganze Zigarette zu rauchen. Alles nur Versuche, die scheiterten, denn meine Schmerzen und Krämpfe gepaart mit Durchfall und Übelkeit blieben. Da die Schmerzen nur bei der morgendlichen Zigarette vorkamen, fing ich an damit zu leben. Ich zwang mich durch mein morgendliches Ritual, obwohl ich wusste, dass es mir nicht guttat. Aber da ich für die Schachtel gezahlt hatte, war ich nicht bereit eine halbe Zigarette wegzuwerfen und verzichten wollte ich schon gar nicht. Durch meine Freunde, die leidenschaftlich gerne Zigarre rauchten, kam ich auf den Geschmack von Zigarren. Da war es. Das perfekte Suchtschlupfloch! Ich rauchte nur 3-4 Zigarren am Tag, aber dafür 20 Minuten pro Zigarre. Da ich morgens keine

Lust hatte, mich mit meinem Kaffee und meiner Zigarre mich 20 Minuten nach draußen zu setzten, rauchte ich erst auf dem Weg zur Arbeit. Aber da kamen dann schon die nächsten Probleme auf mich zu. Meine Kollegen fanden es nicht besonders toll, dass wenn wir eine Raucherpause einlegten, ich das Vierfache der Zeit brauchte. Also entschloss ich mich das Rauchen aufzugeben. Aber wie?! Es widerte mich an von Etwas abhängig zu sein. Ich fing an auf mich selbst wütend zu sein, wenn ich mir immer wieder sagte, dass ich das Rauchen sein lassen sollte, aber nichts unternahm. Es konnte doch nicht so schwer sein, diese blöden Dinger einfach wegzulassen. Ich will ehrlich sein – ich brauchte einige Anläufe. Oft war meine Ausrede Stress, es schmeckt so gut zu Bier und Kaffee, und Stil, denn ich fand so eine Zigarette stand mir echt gut. Nach einigen gescheiterten Versuchen überlegte ich, wie ich meine Sucht überlisten könnte. Da ich mich nun persönlich an einem neuen Tiefpunkt befand, fiel es mir umso schwerer noch das Rauchen aufzugeben. Ich hatte mich bei einem Unternehmen beworben und den größten Fehler gemacht, den man machen kann. Ich kündigte meinen Job und verließ mich auf die mündliche Zusage von meinem vermeintlich neuen Chef. Dieser Vertrag kam nicht zustande, und ich erhielt am Nikolaustag telefonisch die Absage. Jetzt stand ich da. Kurz vor Weihnachten und ohne Job In Zeiten, in denen ich nicht viel Geld hatte, drehte ich mir meine Zigaretten selbst Durch diese Mischung aus Wut über meinen vermeintlichen Chef, Enttäuschung und Wut über mich selbst war das Letzte woran ich dachte das Aufhören. Aber an Silvester 2015/2016 kam alles anders als gedacht. – als meine Frau zu mir sagte, ich solle anstelle von Tabak lieber eine Packung Zigaretten kaufen. Nicht irgendeine Packung, sondern meine Letzte! Als guter Vorsatz für das neue Jahr, was ich zunächst, als typischer Raucher, erstmal belächelte. Als ich jedoch dann an der Tankstelle stand, erinnerte ich mich an die Worte meiner Frau und dachte: „Naja, ich kann´s ja mal probieren". Jetzt war der Abend gekommen, und wir feierten ausgelassen. Im Laufe der Feierlichkeiten, merkte ich schnell, dass ich mit einer Packung nicht weit kommen würde, und bediente mich bei meinen Freunden und lies mir schließlich noch zwei Zigaretten für den nächsten Morgen übrig. Da alle meine Freunde bei mir übernachteten, standen wir morgens gemeinsam vor dem Aufräumen bei einem Kaffee und einer Zigarette auf dem Balkon und rauchten gemeinsam. Ich zog bedacht an der Zigarette mit meinem Ziel vor Augen und als ich dann meinen letzten Zug nahm, die Zigarette ausdrückte, drehte ich mich zur Runde und sagte „Das war meine letzte Zigarette. Ich bin jetzt Nichtraucher." Da all meine Freunde wussten, wie gerne ich rauchte, und was passierte, wenn ich keine Zigarette bekam, waren die Meinungen darüber eher gespalten. Die andere Zigarette, die ich mir am Abend zurückgelegt hatte, verschenkte ich, da ich endlich zu meinem Wort stehen wollte. Ich hatte mir in dem Moment eine meiner größten Schwächen zu Nutze gemacht – meinen Stolz. Endlich konnte ich beweisen, dass ich nicht der war, der aufgab, sondern der, der die Challenge akzeptierte und von nun an zu seinem Wort hielt; und vor allem, wollte ich der sein, der die Disziplin hat die Sucht zu besiegen.

Einfach würde es nicht werden, das wusste ich. Nachdem meine Freunde nun alle zuhause waren und langsam Ruhe einkehrte, kam der erste Schub. Ich wollte unbedingt eine Zigarette rauchen. Um dem Verlangen zu wiederstehen, zog ich mir meine Sportsachen an und lief los. Am frühen Nachmittag kam dann das zweite Mal das Gefühl, dass ich unbedingt rauchen müsse. Ich zog mir wieder Sportsachen an, und lief in Richtung Wald. Da ich nicht sonderlich gerne lief, war das eine riesen Überwindung. Ich lief nicht schnell, und besonders weit war es auch nicht, aber egal, ich lief. Als ich dann das zweite Mal schweißgebadet zuhause ankam, meine Turnschuhe in die Ecke schmiss, war mir die Lust auf eine Zigarette gehörig vergangen. Auf einmal viel es mir wie Schuppen von den Augen. Das war meine Lösung! Ich hatte meine Ausweichdroge gefunden – der Sport. Da ich den Schlüssel nun kannte, freute ich mich darauf, als es wieder soweit war und mich die Lust auf eine Zigarette übermannte. Ich zog mir diesmal recht euphorisch meine Schuhe an und lief los. Ich merkte relativ schnell, dass bei 15-20 Minuten Bewegung, das Gefühl eine Zigarette rauchen zu müssen für drei bis vier Stunden wegblieb. Vor Freude darüber, dass ich das Rätsel für mich gelöst hatte, konnte ich an diesem Abend kaum einschlafen. Letztendlich war es wohl die Erschöpfung, die mich zum Einschlafen brachte. Am nächsten Tag sollte meine Erkenntnis dann auf Herz und Nieren geprüft werden. Ich kochte mir meinen Kaffee und ging ganz selbstverständlich wie jeden Morgen nach draußen auf den Balkon. Nur diesmal bewusst nicht zum Rauchen, sondern um mich aktiv in die Situation zu bringen, aber trotzdem zu widerstehen! Nach meinem Kaffee ging ich erst eine große Runde spazieren, und vergaß schon fast, dass ich jemals geraucht hab. Nach dem dritten rauchfreien Tag strotze ich nur so vor Selbstbewusstsein und in der nächsten Zeit bewegte ich mich mehr, als ich es die Jahre davor getan hatte. Mein neues Ich gefiel mir sehr gut. Jetzt wusste ich, dass ich der Sucht über Sport sehr gut entgegenwirken kann. Nun, da ich meinen Kopf darauf gedrillt hatte, bei dem Verlangen eine zu rauchen, mich sportlich zu betätigen, kam das Verlangen umso seltener. Ich hatte meine persönliche „Superwaffe" gefunden, dem Verlangen entgegenzusteuern. Ich wurde immer sportlicher und mit dem Rauchen habe ich komplett aufgehört. Später probierte ich mal ein kleines Workout anstatt meiner üblichen Laufrunde und zu meiner

Begeisterung funktionierte das genauso gut. Man sah mir an, dass ich immer vitaler und gesünder wurde. Leider hielten nicht alle Freunde mit, und einige fingen schon nach den ersten fünf Tagen wieder das Rauchen an. Wir versammelten uns alle wieder und diesmal wollte ich es ganz genau wissen. Ich trank mein Bier, wozu eine Zigarette so gut schmeckte, aber widerstand mit Stolz! Jetzt wurde mir so langsam bewusst, umso öfter ich die Situation ersuchte, in denen ich gefragt wurde ob ich eine Zigarette wolle, umso stärker wurde mein Selbstbewusstsein.

Ein Monat später. Mein neues Nichtraucher-Ich, war sportlicher denn je, und hatte zudem ein kugelsicheres Selbstbewusstsein. Ich fühlte mich großartig! Mittlerweile plante ich den Sport schon in meinen Alltag ein. In meinem neuen Job, bei dem ich mit meinen rauchenden Arbeitskollegen zusammen stand, hatte ich nicht ansatzweise das Verlangen dem gleichzutun. Ich hatte es mir regelrecht abtrainiert.

Jetzt kam nach einem Monat aber eine neue Hürde. Die Sucht suchte sich neue Wege, um über Träume in mein Gewissen zu gelangen. Ich träumte immer wieder davon, wie ich eine Zigarette rauchte. Nach diesen Träumen wachte ich auf, und konnte nicht genau sagen was real und was nicht war. Es galt ein neues Problem zu lösen, um diese Form von Verlangen zu bekämpfen. Was ich hierbei feststellte war, dass ich immer dann vom Rauchen träumte, wenn ich etwas getrunken hatte, oder einen stressigen Tag hatte. Also lies ich in der Zeit mal bewusst den Alkohol weg, und merkte doch relativ schnell, dass ich dann weniger vom Rauchen träumte. Nach kurzer Zeit verließen mich die Träume und ich schaute weiter nach vorn. Jetzt fing ich mir so langsam an vorzustellen, wie mein Nichtraucher-Ich denn in einem, zwei oder gar fünf Jahren sein würde. Es fühlte sich unfassbar gut an, Herr über meinen eigenen Willen zu sein. Was für ein wahnsinniges Gefühl, die Disziplin zu haben, sich über eine Sucht hinwegzusetzten. Die Euphorie packte mich, und ich fing an mich ganz besonders auf das Laufen zu konzentrieren. Mittlerweile lief ich schon richtig gute Zeiten und merkte wie meine Ausdauer schon nach nur einem Monat deutlich zunahm. Auch mein Geruchssinn wurde besser, und ich fing an meine Umgebung ganz anders wahrzunehmen. Kann es denn eigentlich noch besser werden? Ja! Ich hatte keinen Raucherhusten mehr, und außerdem hatten sich meine Magenprobleme in Luft aufgelöst. Ich fühlte mich fit, und richtig lebendig. Ich sprach mit einem meiner Arbeitskollegen über das Nichtrauchen und dieser klagte über Schlafstörungen, Gewichtszunahme und, dass man das Geld was man für Zigaretten ausgebe, sowieso für andere Dinge nutzt. Ich erklärte ihm, wie ich mit den negativen Einflüssen des Aufhörens umging, dass ich durch mehr Sport nicht zunahm und regelrecht ins Bett fiel, weil mein Körper so erschöpft war. Er sagte bei ihm würde das nicht funktionieren, da er momentan viel zu viel Stress habe, woraufhin ich sagte, dass er mir bis jetzt nur Gründe genannt hat warum er nicht aufhören konnte. Was aber mit all den Gründen wieso er aufhören sollte? Er schaute mich etwas verwundert über die doch sehr klar formulierten Worte an, und meinte dann, dass er das sowieso nicht schaffen könnte. Ich sagte ihm, er solle es einfach mal probieren. Was hatte er schon zu verlieren? Er sagte mir zudem, dass er sobald er probiert hatte aufzuhören, viel an Gewicht zugenommen hatte. Jetzt galt es auch diese Nuss zu knacken. Ich erzählte ihm von meinem Weg, wie ich es geschafft hatte. Zunächst war er etwas skeptisch, aber als ich ihm erklärte warum es so gut funktionierte kam er zum Entschluss es doch zu versuchen! Ein halbes Jahr später. Mein Arbeitskollege ist seit 4 Monaten rauchfrei. Durch meine Hilfe und Tipps hat er sogar an Gewicht verloren und nicht, wie zuvor, zugenommen. Das Ersparte sei ihm nicht so wichtig, wie er mir eines Tages erklärt, solang er seine Gesundheit, der wichtigste Aspekt in seinem Leben, wieder zurückgewonnen hat. Damit ist meine Mission jetzt klar: Möglichst viele Menschen zu erreichen, die sich in der gleichen Situation befinden. Menschen, die es leid sind von ihrer Sucht beherrscht zu werden. Menschen, die (wie mein Arbeitskollege) einfach nicht die richtigen Mittel haben, endlich aufzuhören. Es gibt einige, die meine Idee belächeln und sagen, dass ich sie nicht umstimmen kann; das ist auch nicht meine Aufgabe. Meine Mission ist Menschen, die den Entschluss gefasst haben, das Rauchen aufzugeben, zu unterstützen und ihnen Tipps zu geben, wie sie es trotz aller Umstände schaffen können (und das bestenfalls ganz ohne Nebenwirkungen). Aber nochmal kurz zurück zu meinem Arbeitskollegen. Er hat es trotz seiner anfänglichen Startschwierigkeiten geschafft, das Rauchen aufzugeben. Der Prozess wird ganz klar von drei wichtigen Aspekten beeinflusst: Die Positionierung deiner selbst – Bist du bereit für die Umstellung? Du bist jetzt offiziell Nichtraucher! ; der Sport – Hast du dir ein sportliches Ziel gesetzt? Du gehst bei jedem Verlangen trainieren! ; die Hilfe anderer – Hast du Menschen, die dich unterstützen? Nimm Hilfe gerne an! Wenn man jemanden bei sich hat, der einem Tipps und Motivation geben kann, einen immer wieder anspornt weiter zu machen und das Ziel, was es zu erreichen gilt, immer vor Augen hält, kommt man leichter an. Jetzt liegt es an dir. Willst du mit dem Rauchen aufhören? Dann ab in die Sportschuhe und zieh´ durch!□

Nachwort

So, jetzt habe ich dir alle nötigen Informationen gegeben, wie du es schaffst das Rauchen sein zu lassen. Aber all die Informationen sind nichts wert ohne deine Umsetzung. Aber eine Sache noch. Wenn du dich nicht für sportlich genug hältst, um direkt Laufen zu gehen. Das ist kein Problem! Geh spazieren, walken, Fahrrad fahren oder mach irgendeinen anderen Sport. Das Laufen hat bei mir gut funktioniert, weil ich es bis zu dem Zeitpunkt verabscheut hatte. Mein früheres Motto war: Jede Strecke die länger als mein Auto ist, wird gefahren! Mein neues Motto ist: Jeder Weg und jede Treppe werden gegangen! Aber nun zurück zum Thema, was gibt es Besseres als das Rauchen aufzuhören? Richtig, mit anderen Menschen aufzuhören. Gemeinsam. Such dir gleichgesinnte. Mit ihnen kannst du dich austauschen und gegenseitig anspornen, nicht nur aufzuhören, sondern auch langfristig rauchfrei zu bleiben. Wie du an meiner Geschichte sehen kannst, habe ich das Ganze mit nur zwei wirklich wichtigen Punkten erreicht: Suchtverlagerung in Richtung Sport, und die klare Positionierung als Nichtraucher (und die damit verbundene Herausforderung, mich in besonderen Situation zu beweisen). Das mag nicht viel erscheinen, aber manchmal ist weniger mehr. Ich halte nicht viel von Nikotinpflastern oder sonstige Hilfen. Ich denke, wir sind es unserem Körper schuldig etwas Gutes zu tun. Ich hätte nie gedacht, dass es so einfach ist. Ich war genau in der gleichen Lage. Ich konnte mir ein Nichtraucher-Ich von mir noch nicht mal mehr vorstellen. Ich konnte es mir einfach nicht vorstellen, dass ich mal Nichtraucher war. Aber das musst du auch nicht, denn ab dem Moment, in dem du sagst „Ich bin Nichtraucher", beginnt dein neues Leben. Das ist der Moment, in dem deine Gesundheit exponentiell steigt. Also ab in den App Store, eine Laufapp installieren und raus an die frische Luft. Teile deine Bilder und Gedanken gerne mit deinen Freunden und sporne die Leute an, die dasselbe Ziel verfolgen wie du! Sodass alle das Thema endlich hinter sich lassen können, wie ich, wie du, wie wir es alle getan haben (oder noch tun werden). Empfiehl das Buch gerne weiter, und lass die Community wachsen. Hilf mir und vielen anderen Menschen, die Motivation zu finden alte Gewohnheiten zu verändern. Hilf anderen Menschen dabei das Leben lebenswerter zu machen, und zu stärkeren Menschen zu werden.

Viel Erfolg Dabei!

Dein Manuel

www.ingramcontent.com/pod-product-compliance
Lightning Source LLC
Chambersburg PA
CBHW051132250726

48655CB00007B/3024